CATALOGUE

DE

TABLEAUX

ANCIENS

DES ÉCOLES FLAMANDE, HOLLANDAISE, FRANÇAISE ET ITALIENNE

ŒUVRES PAR

Adriaenssens, Caskels, Charlet, C. Coclers, J. van Croos,
Elzheimer, Everdingen, Fyt, van Gorp, van Goyen, Hallé,
Heemskerk, Lambrechts, L. Leprince, Martin, Mommers,
Peters, Pillement, Poelemburg, Taunay, Vliéger.

DONT LA VENTE AURA LIEU

HOTEL DROUOT, SALLE N° 7

Le Samedi 9 Mai 1874

A DEUX HEURES

Par le ministère de Mᵉ **BAUDRY**, Commissaire-Priseur,
rue Neuve-des-Petits-Champs, 50,
Assisté de **MM. DHIOS** et **GEORGE**, Experts, rue Le Peletier, 33.

EXPOSITION PUBLIQUE

LE VENDREDI 8 MAI 1874

PARIS — 1874

Vve RENOU, MAULDE et COCK

IMPRIMEURS DE LA COMPAGNIE DES COMMISSAIRES-PRISEURS

Rue de Rivoli, 144

CATALOGUE

DE

TABLEAUX

ANCIENS

DES ÉCOLES FLAMANDE, HOLLANDAISE, FRANÇAISE
ET ITALIENNE

ŒUVRES PAR

Adriaenssens, Caskels, Charlet, C. Coclers, J. van Croos,
Elzheimer, Everdingen, Fyt, van Gorp, van Goyen, Hallé.
Heemskerk, Lambrechts, L. Leprince. Martin, Mommers,
Peters. Pillement, Poelemburg, Taunay, Vliéger.

DONT LA VENTE AURA LIEU

HOTEL DROUOT, SALLE N° 7

Le Samedi 9 Mai 1874

À DEUX HEURES

Par le ministère de Me **BAUDRY**, Commissaire-Priseur,
rue Neuve-des-Petits-Champs, 50,
Assisté de MM. **DHIOS** et **GEORGE**, Experts, rue Le Peletier, 38.

EXPOSITION PUBLIQUE

LE VENDREDI 8 MAI 1874

PARIS — 1874

DÉSIGNATION

DES

TABLEAUX

—————

ADRIAENSSENS (ALEXANDRE)

1 — Grand tableau de nature morte.

Signé et daté, 1794.

ARTOIS (J. van)

2 † Paysage boisé et figures.

3 † Cavaliers sur une route.

BEAUBRUN

4 † Portrait de Gaston d'Orléans.

BEGYN (A.)

5 † L'Abreuvoir.

BOSSCHAERT

6 † Vase de fleurs.

BOSSCHE (B. van den)

7 — Intérieur hollandais, le repas.

BOTH (École de)

8 — Paysage avec muletiers et troupeau de moutons.

CASKELS

9 — Ancienne vue de Paris. Le Louvre et la Tour de Nesle.

Composition remplie d'une infinité de petites figures.

CARRACHE (Attribué à ANNIBAL)

10 — Berger jouant de la cornemuse; près de lui, un âne et un chien.

CARRÉ (MICHEL)

11 — Animaux près de rochers.

CHARLET

12 — Bataille entre les Français et les Autrichiens.

Belle esquisse

CHARPENTIER

13 — Tête de petite fille.

COCLERS (Christiane)

14 ✛ Deux jolies compositions en pendants; guirlandes
de fleurs entourant des cartouches en grisaille,
représentant des sujets mythologiques. —

CROOS (J. van)

15 ✛ Intérieur de bois.

Chariot sur une route et clocher dans l'éloignement.
Belle composition, dans le style de S. Ruysdael.

CUYP (Benjamin)

16 — Pêcheurs sur une plage.

DALH (Signé)

17 ✛ Le Marchand de légumes.

Conduisant par la bride un âne chargé de corbeilles de
légumes; il fait des offres de service à une femme assise sur le
seuil d'une chaumière; près d'elle deux enfants.

DE VRIÈS

18 ✛ Cabane au bord de l'eau.

DIETRICH

19 ✛ Tête de rabbin.

ELZHEIMER (A.)

20 ✛ Martyr chrétien.

EVERDINGEN

21 † Site de Norwége.

FYT (Johannès)

22 † Lièvre et perdrix.

23 † Chiens dans un paysage.
Superbe étude.

GAAL (Bernard)

24 † Grand paysage, vue des bords du Rhin, animée de
figures.

GORP (Van)

25 † La conversation interrompue.
Scène d'intérieur à trois personnages.

GOYEN (Jan van)

26 † Cabane entourée d'arbres, et pêcheurs radoubant
une barque.

27 † Tour et construction au bord d'un canal.

HALLÉ (Noel)

28 † La Poésie et la Musique; groupe d'enfants sur des
nuages.

HAMAAR (P.-G.)

29 — Intérieur hollandais, effet de lumière.

HEEM (C. de)

30 — Fruits dans une coupe et raisins.

HEEMSKERK

31 — Moines au lutrin.

32 — La Confession de l'Ivrogne.

HOBBEMA (Genre de)

33 — Le Moulin à eau.

JARDIN (Attribué à KAREL DU)

34 — Moutons dans un pré.

KOPMAN (Signé)

35 — La Dame charitable.

LAMBRECHTS

36 — Le Retour du marché, scène d'intérieur.
Important tableau de cet artiste.

LANCRET (Genre de)

37 — Les deux Amis.

LAROCHENOIRE

38 † Nymphe et Amours.

LANFRANC

39 † Saint Jérôme.

LEEUW (Van der

40 † Animaux à l'abreuvoir.

LEPRINCE (Léopold)

41 † Le Maître d'école.

Un livre à la main, il fait réciter sa leçon à une jeune fille ;
dans le fond, enfants assis autour d'une table. Signé.

LUNDENS (G.)

42 † Intérieur hollandais.

MANGLARD

43 † Marine, tempête.

MARTIN

44 † Campement de troupes.
45 † Choc de cavaliers.

METSYS (QUENTIN)

46 + Ecce homo.

MIÉRIS (École de)

47 + Intérieur hollandais, deux figures.

MIGNARD (Attribué à)

48 + Portrait présumé de Mlle de La Vallière, cadre sculpté.

MIGNON (Attribué à A.)

49 + Nature morte.

MOLENAER

50 + Fête de village.
51 + Pendant du précédent.

MOMMERS (H.)

52 + Pâtres et bestiaux.
Signé.

NETSCHER (Attribué à)

53 + Jeune fille dans un parc.

PALAMÈDES (Stevens)

54 — Choc de cavaliers.

PARCELLES

55 — Tempête, naufrage.

PETERS (B.)

56 — Marine.

PILLEMENT (Jean)

57 — Le Naufrage.

Des femmes éplorées sur un rocher ; des hommes cherchent
à ramener au rivage, à l'aide de cordes, un navire en détresse ;
d'autres facilitent l'abordage des naufragés.

PIOMBO (École de S. del)

58 — Sainte Famille.

POELEMBURG (Corneille)

59 — Nymphes au bain.

POUSSIN (École du)

60 — Jésus baptisant saint Pierre.

PYNACKER (A.

61 — Paysage italien.

Une villageoise, debout, surveille un troupeau de chèvres et
de moutons dans une campagne boisée.

PYNACKER (Genre de)

62 — La Passerelle.

ROOS

63 — Marche d'animaux.

ROSLIN

64 — Portrait de la Guimard, représentée à mi-corps,
pinçant de la harpe.

RUBENS (École de)

65 — Saint opérant la guérison des malades.

Peinture sur cuivre.

RUYSCH (Attribué à R.)

66 — Vase de fleurs et papillon.

RUYSDAEL (École de J.)

67 — Massif d'arbres au bord d'un canal.
68 — Pêcheurs sur une digue, mer houleuse.

SNAYERS (Pierre)

69 † Une Bataille.

STRY (Attribué à van)

70 † Pâturage.

SWEBACH

71 † La Promenade.

L'ancienne avenue Dauphine, aujourd'hui avenue Bugeaud.
Signé et daté, 1790.

TAUNAY

72 † Femme italienne puisant de l'eau.

TORRÈS (Clément de)

73 † Saint Jean.

TREVISANI

74 † Sujet religieux; le miracle des eaux.

VALLOU DE VILLENEUVE

75 † La Toilette du matin.

Dans une chambre mansardée, une jeune femme qui vient
de quitter son lit est en train de s'habiller. Signé.

VERENDAEL

76 † Vase de fleurs placé sur une boîte.

VERWÉE (L.)

77 † Moutons.

VLIEGER (Simon de)

78 — Mer calme, bateaux de pêche.

79 — Mer houleuse.

WATTEAU (École de)

80 † Pastorale.

WEENIX (J.-B.)

81 † Cavaliers sur une route, au bord d'une rivière.

WERF (Attribué à van der)

82 † Jeune fille caressant un chien.

WILDENS et LINGELBACH

83 † Chasse au cerf.

WYNANTS (Attribué à Jan)

84 — Repos des Chasseurs au pied d'un tertre sablon-
neux.

PAR DIVERS

85 + La Cuisinière (École de BASSAN.

86 + Le Buveur, le verre plein (attribué à HONTHORST).

87 + Le Buveur, le verre vide (attribué à HONTHORST).

88 + **École française**. Environs de Florence.

89 + **Id.** Deux Tableaux de fleurs.

90 + **École moderne**. Tête de Vieillard.

91 + **École flamande**. Madeleine dans le style de van Dyck.

92 + **Id.** Madeleine.

93 + **École française**. Vase de fleurs dans la manière de van Os.

94 + **Id.** Tête de cheval (étude) attribuée à H. Vernet.

95 + **École espagnole**. Femme et Enfants.

96 + **École française**. Portrait de jeune femme. Forme ovale.

97 + Vue de la ville d'Amiens, par Jouvenet.

98 + Chasse au cerf, par Jouvenet.

99 + Intérieur de forêt, par Jouvenet.

100 + **École française**. Portrait présumé de Mme de Pompadour.

101 + **Id.** Portrait d'homme.

102 ✝ **École italienne.** Sainte Famille et deux Anges.

103 ✝ Laboureur et Animaux (Genre de P. Potter).

104 ✝ **École hollandaise.** Portrait de petite Fille.

105 — **Id.** Paysage : Bestiaux sur un pont.

106 ✝ Sacrifice (attribué à Vien).

107 ✝ **École flamande.** Types de villageois (Deux Dessins.).

108 ✝ **Boucher** (École de). Pastorale.

109 ✝ La Toilette de Vénus, de l'École de van Loo.

110 ✝ **École française.** Tête de paysanne.

111 ✝ **J. Legrand** (Signé). Deux Paysages.

Vᵉˢ RENOU, MAULDE et COCK, impʳˢ de la Compagnie des Commissaires-Priseurs, rue de Rivoli, 144.   42927